El Silencio De Los Inocentes

El Silencio De Los Inocentes

Maitreyi Villamán Matos

LA MAGA PRESS
NEW YORK

Library of Congress Control Number: 2009928264
ISBN 9780963210401

Derechos Reservados 2011 por
Maitreyi Villamán Matos

Edición: Mercedes A. Villamán
Corrección: Dinorah Coronado
Diseño y Diagramación: Alain Hervé, www.pao-tao.com

Publicado en New York, 2011 por La Maga Press
lamagapress@gmail.com

Fotos en República Dominicana

La Agüíta de Oliborio
Altar La Dolorita, Villa Mella
Dueño del Gagá, Ingenio Caei
Subida Cueva de Mana, San Cristóbal
Altar Barón del Cementerio

Dedicatoria

A las almas que han engrandecido con su
sacrificio nuestra Libertad, especialmente mi tío
José Agustín (Tintín) Villamán Olsen que
padeció torturas en la infame cárcel La 40.

Agradecimentos

Al Dr. Silvio Torres Saillant y la
Dra. Daisy Cocco de Fillipi.

Sara Aponte, bibliotecaria del Instituto
de Estudios Dominicanos en CCNY.

A mis amigas del Barrio Santa Rosa en Baní,
República Dominicana, las cuales
escucharon pacientemente mis largas
lecturas.

Bala Soto y Edgar W. Hopper, por hacer
posible esta publicación.

Tabla De Contenido

Invocación

División de los Guedeses

La División del Agua

El Barón del Cementerio

"Ya estoy reconciliado con el polvo."

Canto a la Locura
Francisco Matos Paoli

Invocación

Tata Funde Cheche Wanga Fuiri Nutanbo Ngana
Nene

Primero Sambia
que tó las cosas
Sambia arriba Sambia abajo
Zarabanda
Siete Rayos
Tata Funde
por los caminos del Palo Monte
con su licencia
voy a trabajar.

Tomando la escoba de la Madama
barre-barre, escobita,
 la escoba de San Martín de Porres,
la escoba del Gagá,
con la cual el Mayor dueño y señor
de la prenda, la manda a caminar.
Kalunga muñeca del Congo
baila banco de difuntos en Villa Mella
pido licencia pa' trabajar.

Llamando a la Divisiones de los Guedeses
Barón del Cementerio
San Elías
Semedí
San Lázaro, muerto resucitado
sin tu protección no se puede avanzar.
Muerto Mayor Papá Liborio
también quiero invitar,
dicen que Liborio ha muerto
Liborio no ha muerto ná
Liborio sigue viviendo
en lo alto del palmar.

Le sigue Bibiana de la Rosa
enterrada en la Ermita de Mana
vidente, milagrera
asentada en la Virgen de las Mercedes
Madre de la Luz
¡Ven a trabajar!

Ojo de agua
Anacaona — Agüeybaná
por la División del Agua
la India viene, la India va
esa India viene debajo del agua, ¡ay Dios!

Y las ánimas inquietas
ánimas de los desaparecidos en las aguas del canal
allá en el desierto de la frontera
los perdidos en el platanar
torturados en las cárceles
por ellos quiero rogar
con la bendición de la escoba
voy a barrer la oscuridad.

¡Muertos transmutados en polvo
 vengan a trabajar!
¡Muertos transmutados en polvo
 pido licencia pa' trabajar!

Tata Funde Cheche Wanga Fuiri Nutanbo Ngana
Nene

Esos muertos me persiguen,
suben por el polvo.
No tienen descanso,
constantemente
suben por el polvo.

Reclamando con su presencia
asediándome
reclaman ser nombrados.

Muertos que para su descanso
desean ser oídos,
desean contar su historia.

Hablo con lengua de mujer y de ángel
lengua viperina
lengua de flama.

Todo el que escucha
está participando,
las palabras se derraman cual sacrificio.
Estos poemas son mi macuto.

¿Quién revolcará mi tumba
haciendo de ella un tollo espectacular
y buscando entre mis huesos
escoge la canilla de la pierna derecha
falanges de la mano izquierda
los llevará a su cazuela
para ponerme a trabajar?

Sólo tú me levantas frente a todos
y me colocas corona de espinas
y me vistes de olvido
para ponerme a caminar
sobre la tierra como peregrina
sin más hogar que la palma de tu mano
sin más ropa que los vestidos dejados en tu armario
sin más comida que la servida en tu mesa.

Llenándome con tu Gracia
haciéndome fantasma.
Marcada soy por el calor de tu abrazo,
me señalas con el dedo,
me particularizas hasta hacerme polvo.
Desintegrada.

No tienes nada
ni siquiera las huellas
dejadas sobre el polvo del camino,
porque el viento, otro caminante
las borra.

Mira retozando
la línea del horizonte,
la caricia pétalo de rosa
en la piel de la amargura.

Olor cargado de sabor
en el oscuro café de bienvenida,
al escuchar los latidos del corazón
acompasado del viento
cantándole una salve a Papá Liborio.

Miércoles de Cenizas.
En Villa Mella, los congos visten a su Reina
para llevarla a pasear.

La Dolorita vestida de blanco
llevada en hombros por los morenos
pegados al tronco de la familia cuidadora del Santo.

Las panderetas navegan ágiles
en manos de las mujeres,
sus gargantas desgarran la salve
empujando el horizonte con sus lamentos.

Caminar, caminar, caminar
en Villa Mella un Miércoles de Cenizas
asegura un peregrinaje.
Es pagar la deuda contraída con el cosmos,
la otra cara de la moneda,
el dolor vestido de blanco.

División De Los Guedeses

Es el ronroneo felino del sol caribeño sobre tu cara,
olor penetrante a tierra revuelta, savia derramada.

Es el verde verde trabajándote la sien,
palpitación guerrera por la sangre de tus venas,
es el Gagá endulzado con el sabor del aliento africano.

Sobre el altar de la caña y el trabajo agotador sol a sol
sobre el tambor mayor descansa
la promesa de la Reina y los Mayores
hecha al sol, a los muertos
al Barón del Cementerio, y a Belié Balcán.

El sacrificio se repite.

¡Qué se derrame mi sangre y la tuya, eternamente,
la vida se nutre de vida por siempre!
Ven, es cuaresma y el Diablo anda suelto,
Con tu danzar alejas la amargura.

A los dioses
puedo sentir en el humilde ritmo del tambor
mi cuerpo es el templo donde danza Kakelambe
pidiendo prosperidad
fertilidad
y un poquito de paz.

Así el sudor es ofrenda a los dioses,
presento mi sencilla oración
hecha de costillas y ritmo
alegría y sabor.

Los guedeses invitan con golpes de caderas
maremotos de pañuelos multicolores
insinuantes espejitos, risueños cascabeles.

Los guedeses con la cruz de la muerte a cuestas
resplandecen llenos de vitalidad danzante
brilloteo reflejando el arco iris.

Ambulantes por los caminos amargos del cañaveral
guardianes de tumbas y cajas de muertos
pintan una risotada al Misterio
y remeneando pelvis en frenético vaivén
sudan amor a la carne
apego a la vida
grito desenfrenado
sed ancestral de ser feliz.

Los guedeses me toman de la mano
cuatro espíritus tutelares, cuatro puertas
cuatro puntos cardinales, cuatro potencias
cuatro misterios con sus colores y santos
con sus plantas medicinales, ensalmo,
perfume y toque de palo.

Me toman de la mano a desafiar
los pretextos del destino,
incitando
revolcando mi sangre carente de anhelos
a reclamar el impulso solar
blandiendo el filo del machete,
apoderándome del látigo, abridor del camino
por donde debe pasar el Gagá
despojando al Dueño
me convierto en azote de pobrezas y asesinos
restralla el chasquido del látigo sobre la pena
y se detiene el viento al verme pasar
ahora coronada de Reina
danzando maravillosa brazos al cielo
cual aspas de molino, alas agitando canción de paz.

Seguida por mi corte de guedeses
los fuas acompasando el sudor
con su ronco sonar de bambúes,
el latigador de demonios
el barrendero con su escoba
el hombre del macuto conteniendo el Guangá,
poderoso detente,

al llegar a la encrucijada propician
limpiando trabajos y entuertos.

Mi séquito de cantaores y curiosas
bailan el Gagá más caliente antes visto
hasta la caña se endulza más al sentir tanta hermosura
danzando hacia el encuentro de nuestro ser superior
principio nivelador
principio del fin de las cosas.

El Gagá va hacia su centro de fuerzas: el cementerio,
a rendirle homenaje a su principal, la muerte.

Así sentimos el ritmo
desde el vientre de la madre.

Después amarrados a su espalda a la hora del ritual
comiendo de su aliento el sabor del movimiento.

Así aprendimos a ser lo que somos:
hijos del tambor
dioses del sabor.

La lluvia me respira
en la memoria del presente
cuerpo de energía acuática,
me respira entonada
a diseñar humedecida
la tarde calmada.

A fuerza de andar el camino equivocado
sentido de redondez
circular movimiento
 lleva al punto del agua.

Natural origen
útero
nazco del agua
madre licuosa
condensada al vapor
hecha lluvia
desciende sobre sí misma
disuelta
ligera gota.

Resbalando sobre mi piel morena
compartida
repartida.

A fuerza de tanto hablar
el silencio de la lluvia
otorga un reto.

Agua estancada
en el aullido de un perro
y la pena-penita-pena
en los ojos del anciano:
estancado aullido.

Arrepentida mirada
boca de lobo
sonrisa de tiburón enternecido
pidiendo clemencia
y un poco de lluvia fría
para borrar el recuerdo.

Los ojos del torturado
se vistieron de pesadilla.
Arrepentida mirada
inocente dolor
la lluvia no apacigua el gesto.

Brama el río inagotable discurso.

Otros prefieren callar.

Las piedras silencian
su reclamo en pétrea demanda.

Otros prefieren enmudecer.

Tragando en seco
una hiel a cuenta gotas
dolidos al escuchar
el incesante reclamo del río
bramando el discurso
pronunciado por los cientos de cuerpos ahogados.

Después de la matanza
fue mejor no decir nada.

Río atrevido
guarda en su arrullo ayes, quejidos
y una sonrisa de afilado machete.

El río respira venganza.

El Barón Del Cementerio

Ese muerto merecía mejor destino.
Ese muerto merecía mejor vida.

Siempre el adiós en vez de la bienvenida
no hay tiempo para ver crecer los aguacates en el
campo,
ya la temporada ha pasado.

Como pasado está el aliento de mis pasos,
otra vez pasos equivocados
queriendo el no querer
un imposible otra vez.

Eres tú quimera en mar abierto.
Yo barco varado en el puerto de la espera.

A Félix Rafael (Fenfo) Ozuna Matos

Que te quiero, hermano
y la muerte-muerte
nos separa
ay, la maldita ausencia
de no abrazarte por siempre
es una medida de tiempo
tan repentinamente larga.

Alerta
alerta
camina con sigilo
el patíbulo
con su medalla de azúcar
espera.

Ese fatal brillo del futuro,
vacilante llama transparente
donde nadie sabe del amor amor.

Ahora se vive
contra ese brillo fatal incierto
lento de las horas
donde impera el asesino
y la tristeza de un niño limpiabotas.

Asesina la suerte del torturado.
¡Silencio ante el vacío de uñas arrancadas!

Imposible silencio.

Imposible.

Ni chuchazos bajo la ducha de agua fría
ni la asfixia lenta en la piscina de mierda
ni los electrodos aplicados con paciencia
de santo al terminar del placer máximo.

Ya las fuentes del necesario alimento
convertidas por la electricidad
en fuentes huecas, adolorido estropajo.

Ya perdimos la cuenta de la danza infernal
de violadores haciendo turno
listos a descargar su saco de violencia
entre mis piernas.

Pues la boca es una podrida llaga
a fuerza de las caricias
recibidas en bofetadas y puños.

Arriesgadas mujeres
sin importarles sus carnes
van cantando sus salves,
ya muertas.

Sonora del dolor
casi humano
agravio del día nuestro.

Aprendida la mordaza
el sigilo no será suficiente
para detener el castigo.

Porque el traidor es una incertidumbre,
madeja de silencio.

Más allá de la ignominia
el caos juega con el enemigo,
el cual no conozco.

La doblez establecida
convive en la sencillez del desventurado,
sonora del dolor
quejido hermanado del torturado.

A Hochi Asiático

Dame la humillación
toma la rosa
escojo la espina.

A Mercedes Amarilis Villamán

Querida hermana mayor
pedacito de mi corazón
mayor es la pena por la separación
tan hermana de la ausencia de sonrisas.

Querida eres por la aurora de los montes,
corazón del alba te proclama la brisa.
Pena y ausencia siempre
se venden al vacío.

Cuidarme del gancho seductor,
apalabrado gesto a boca de jarro,
lisonja a flor de piel necesaria.

Cuidarme del fascineroso contraído músculo
en el terror paulatino,
cuenta gotas.

Cuidarme de mí misma,
las paredes oyen el chirriar desesperado
indolencia maltratante,
encanto sin engaño.

Había una playa limpia de ignominia.

Hay algo podrido, putrefacto en nuestra conciencia.
Enrarece el aire, fétido momento.

La verdad acorralada intenta hacerse sentir,
una podredumbre infinita techa el cielo
haciendo llorar sangre a las estrellas.

Sufrimiento late prisionero buscando mejorías
cosecha incomprensión
o la plácida mentira disfrazada.

Talvez es imposible pretender,
los soñadores han decidido despertar,
se unen al coro de los espíritus exaltados.

Para seguir planeando la estrategia,
despiertan de nuestra pesadilla cotidiana
conjurando los asesinados
a crear imposibles.

En vano proclamo mi inocencia
acusada desde el principio
aguardo
vida hay
lo que falta es tiempo
para prepararme contra la acusación de los días.

Sanadora resonancia
lágrima repartida al mismo centro de la pena.

Lágrima seca
estridente en su resbalar angosto
cuchilla sobre la piel
surco invisible ardiente sobre la mejilla.

Lágrima evaporada en el susurro del látigo
limpia visión del cadáver.
La muerte se ha encargado del resto.

Última lágrima.
Seca.

Entonces no quiero nada.
Exprime el sudor de la caricia
situado en la bofetada del beso,
pacífico escarnio del encierro.
Tortura.

Un puñal de sonrisas
doble cara
doble filo
carcajadas de promesas incumplidas.

Faltan ojos para ver
oídos para oír
la decadencia
maldiciente del discurso.

Letanías de perjurios
oración vertiginosa
piedra angular de la llaga.

Déjame entonces tomar el veneno de tu agravio
destilado en la quietud del dolor,
sensacional valor olfateando la quietud del dolor.

Saborear el veneno gota a gota
en el dulce sonreír de la traición.

El sacrificio del inocente a la hora del martirio
los gritos, estertores de la muerte sobre el cadáver
han posado una mirada de piedad hacia
el victimario.

El inocente en su aureola cubre el cubil con
su santidad.

Cómo detengo el cáncer de la ausencia
las manos llenas de lejanías y minutos.

Cómo detengo
una luna llena pálida de asombros
y la redención de la arena
en su eterna multiplicidad de estrellas.

Mientras, una bachata enloquecida
canta llorando por la partida.

Es solo la mentira de un encuentro
salvado entre los escombros de la propaganda
el que ahora sostiene este presente donde
la ausencia es puro espejismo.

Vente conmigo
penitencia amarga
al látigo paciente de la espera,
arrodíllate frente al sepulcro
consejero del silencio
presto siempre a oír la plegaria del eco,
mi confidente.

Escuela de pretextos
desabrido encaje presidencial
patraña histórica, somos.

No hay nada por decir
ni por hacer,
deja tiempo al tiempo.

Hasta ahora
en el pasado
por los caminos de la vida
hasta ayer
en el futuro
por los caminos de la muerte.

Ya no hay nada por qué suspirar.

Una sola transformación
marcha hacia mi encuentro,
irrevocable.

La Madama

Sobre el barrer,
tarea tan cotidiana asignada a la mujer,
sacude el polvo de los muertos
levantados del sueño por el ritmo del Gagá.

Así el barrer es un ritual indispensable para mantener
el santo equilibrio de las cosas.
Los ojos del torturado, asesinada paloma de mujer
regresan constantemente en el polvo.

Y la escoba es un instrumento de salud.

El dueño del Gagá escoba en mano cruza sigiloso la sombra del destino situada a la vera del camino. Con su escoba en mano filosa como machete es capitán de la zafra, en cuaresma escoba en mano un peleador del sudor en la caña.

La escoba lista a cortar de raíz influencias o reclamos. También la tierra despide el guangá escondido en el macuto terciado a la espalda. Envía a golpe de escoba a recorrer el camino, protegiendo la vanguardia.
La escoba se convierte en guardián del Gagá, compañero inseparable del Misterio guardado en el macuto. Macuto, escoba, camino.

Envía el Gagá limpiando al dibujar primero la trayectoria, saluda las cuatro direcciones al ofrendar en la tierra la alquimia de la caña transformada en ron, después se encienden los pañuelos que envían a los seres a recorrer el camino a cumplir con el ritual. Los seres que han salidos de sus tumbas con el permiso del Barón del Cementerio.

El dueño del Gagá escoba en mano, la cual es destruida tan pronto complete la obra; barre el Gagá impulsando el ritual a cruzar la sigilosa sombra del destino.

Cuando barro
el vaivén de la escoba
su crujir sobre el piso acaricia
el suave agrupamiento del polvo que revolotea
aunque haya rociado agua
para aplacarlo.

La nube de partículas
en su rigor vaporoso, me envuelve.

Barriendo la sala por segunda vez
repasando,
limpiando la invisible capa polvienta
aposada sobre el gran trecho bajo el sofá.

Así es fácil dejar pasar
el tiempo escoba en mano.

Esparcidas bocanadas de ternura
levantadas por la marea rutinaria del barrer
ritual que balancea las exigencias del destino,
también justifico mi existencia,

escoba en mano enfrento el día
ansiosa por sacudir, zarandear
la modorra escondida detrás del armario.

Barriendo la sala por segunda vez.

Cuando no barro
los rincones cargados de catastróficos vaivenes
fluidos malhechores
zarandean la casa.

Una premura se apodera de la escoba
a sabiendas de quebrar el maleficio
resisto la tentación y no barro.

Sentada frente al espejo sonrío
seré una mala mujer.

Roto el sortilegio
los rincones pueden acumular susurros
hasta estallar ante un sol de mediodía
revelando letanías dolorosas
escondidas en el saco de la intriga
donde el padre ya no encarna con el hijo
entre hermanos roto el apellido.

Cuando los dedos acusatorios señalen
¿Quién será capaz de barrer tanta desdicha?

Poca mujer
arrebatada por un hálito de espumas
escoba ociosa
se niega a ejecutar su misión,
no barro los rincones.

Puede ser que barra
a las tantas de la noche
sonámbula,
sacando fuerzas de las tinieblas.
Barre-barre, escobita
preferencias zarandeadas
jirones de presagios
escondidos bajo la cama
del espesor nocturno.

Puede ser que barra
a las tantas de la noche,
rompiendo el tabú
escondido en la antigua prohibición
quebrantando el derecho al descanso
sin distinguir el ritmo correcto del quehacer
pues barrer las tinieblas
es cosa de lunáticas, locas o brujas.

Catálogo de Barredoras

La alegre de pasitos aligerados, canturreante gol-
pes de escoba, se mueve en redondo tratando de
morder su cola de pavo real, ajena al vaivén que
causa su contentura.

La gestosa a fuerza de su desdén consabido, des-
cuida la basura, casi no la mira, más bien de
frente altiva, espera por el hombre que la pondrá
a valer.

La amargada vierte su hiel en el vaivén largo,
acompasado de la escoba, el crujir contra el piso
añade sinsabor a su tarea, repasadora empeder-
nida regresa al mismo rincón dos, tres veces, por
obsesión.

La rabiosa de peligrosa estocada es bólido hura-
canado. Ruidosa, para enterar al mundo de su
enojo. A su paso caen sillas y verdaderamente
no barre, lanza la basura al viento con su rabiosa
machetada.

La pendenciera barre que barre hacia la calle, por el frente de la casa, la acera, hasta peligrosamente llegar al lado de la vecina donde tomará café sin soltar la escoba, saludando a transeúntes y motoristas con la mejor de sus sonrisas.

La enamorada vestida de fiesta, luce de maravillas, saliendo disparada escoba en mano cuando oye un silbido en la esquina, descuida rincones y patio pero la acera brilla.

La avergonzada cerrando puertas y ventanas, barre a escondidas, es una con delirios de grandeza que ya sueña con sirvienta.

La acuática es feliz barredora, gustosa de chapotear en los charcos de agua, navega con su escoba a ritmo de ilusión.

Y este catálogo de barredoras podría ser infinito al distinguir variados relieves en la topografía de barrer..... ¡pero no! Dejémoslo aquí.

Reconciliada Con El Polvo

Pronunciaste la enunciación cual mantra
mandato orden ancestral
sangre de moriviví
de las cenizas al fuego
pasando por el vuelo del cóndor
cual ave fénix.

A reinventarme
en el sonido del Rudra
RRR del jaguar que me acompaña
despierto de la noche ancestral
desperezando sonido del fuego
transformado furor de nuestra estirpe solar
guanín resplandeciente oro oro oro oro
viste el pecho en resguardo en la punta más alta del
Marién.

Me has regresado a la vida del lado acá con los vivos.
Sacudo las cenizas
brilla la piel pasada por el crisol
sangriento de la muerte
con un beso de montaña enredado en las pupilas
abierta a las distancias
novia del abismo,

aquí me hermano con la cima

a reinventarme vertiente

a reinventarme ladera

a reinventarme en el premeditado ascenso al infinito.

Planeando el encuentro con el corazón de Caribe

¡Quién no reverdece!

¡Quién no se desborda del cauce!

¡Quién no crece ojos de cóndor enternecido!

¡Quién no afila nuevas garras para defender este
    anhelo de ser viento!

Cuando dispersaron
las palabras al viento
y se volvieron a juntar
allá, en el principio eterno de las cosas
ya nuestros nombres figuraban
unidos por siempre.

A Milquiades Aybar Franco

Tu altar se mece
en las olas del viento,
allá en el sitio más alto de la palma real,
justo donde canta el sinsonte.

Una exigencia del destino
reclama mi presencia en la isla.

Sobre la aurora del cosmos
se levanta cantarina una mañana
liviana
    transparente
        reposada
como un tropel de mariposas.

La mañana eterna del principio
la mañana simple
la mañana prohibida.

Esa mañana ha cantado desde siempre
en la aurora del cosmos
renovando perpetuamente la vida
transformando todas las noches
en relámpagos de espera, casi olvido.
Para que el libre albedrío
siempre reine en la espada
de un Quijote empedernido.

www.ingramcontent.com/pod-product-compliance
Lightning Source LLC
Chambersburg PA
CBHW022037090426
42741CB00007B/1101